Garfield

JIM DAVIS

Garfield

FAINÉANT ET GOURMAND

Traduction de Anthéa Shackleton

PARIS·BARCELONE·BRUXELLES·LAUSANNE·LONDRES·NEW YORK·STUTTGART

DARGAUD
EDITEUR

www.dargaud.fr

COPYRIGHT © 1990 United Feature Syndicate, Inc.
Dépôt légal : novembre 1997
ISBN 2-205-03994-6
Publié par DARGAUD ÉDITEUR

Printed in France en novembre 1999
by *Partenaires-Livres*®

JiM DAViS

1-8-84

PLOP!

JIM DAVIS

GLUP!

© 1984 United Feature Syndicate, Inc.

2-5

PTUI! PTUI!

SPLUT!

NE PAS PERDRE LA FACE, C'EST LE PRINCIPAL!

WAH HA HA HA !

J'ADORE LES DIMANCHES ! RIEN NE PEUT GÂCHER MA JOURNÉE.

GRATTE

GRATTE

NON, PAS ÇA !

C'EST LUNDI QUI ARRIVE !

ALLEZ, DEHORS, TOUS LES DEUX !

HÉ, LES MECS ! LA PROCHAINE FOIS, ESSAYEZ LA PORTE !!

JIM DAVIS

C'EST ÇA !

CRACH!

3-25

16

C'EST LE MOMENT, LES GARS.

CE SOIR LE TUEUR FANTÔME VA SE DÉVOILER !

ÇA Y EST ! IL SORT DE LA PÉNOMBRE !

AH, NON... C'EST VOUS !
AIEEE !

C'ÉTAIT UN BON FILM !
CLIC

4-1

C'ÉTAIT QUI ?

JIM DAVIS

ON COMPTAIT SUR TOI POUR NOUS LE DIRE !
SMACK
GRRRR

GARFIELD JE M'ENNUIE.

J'EN AI MARRE DE TOUJOURS VOIR LE MÊME PAYSAGE... TU COMPRENDS, GARFIELD ?

PAS VRAIMENT...

AU MOINS TU VOIS LE PAYSAGE, TOI.

4-17

JE NE VOIS QU'UN MOYEN DE NOUS REMONTER LE MORAL, GARFIELD...

UNE FAÇON DE NOUS SORTIR DE LA DÉPRIME...

FAIS TES BAGAGES ! ON PART EN VACANCES !

LES MIENS SONT PRÊTS... ON Y VA !

LES BILLETS D'AVION COÛTENT COMBIEN ? EUH... VOUS N'AVEZ RIEN DE MOINS CHER ?

C'EST PAS POSSIBLE !

4-19

ON NE LES INTÉRESSE PAS, GARFIELD.

PAS DE PITIÉ POUR LES CANARDS BOITEUX, HEIN ?

JE VOUS REMERCIE...

GARFIELD, JE SUIS OBLIGÉ DE TOUT RÉSERVER EN CLASSE SUPER-ÉCONOMIQUE. ÇA NE TE DÉRANGE PAS, J'ESPÈRE.

PAS DE PROBLÈME.

4-20

ÇA NE PEUT PAS ÊTRE PIRE QUE L'EXISTENCE HYPER-ECONOMIQUE QU'ON MÈNE ICI !

OUF !

AUJOURD'HUI, JE VAIS GUÉRIR GARFIELD DE SA GOINFRERIE.

ALLEZ, VAS-Y !

IL VA SE RENDRE TELLEMENT MALADE QU'IL NE VOUDRA PLUS JAMAIS RIEN MANGER.

MUNCH SMACK SLURP

TU VAS VRAIMENT MANGER TOUT CE HAMBURGER ?

JIM DAVIS © 1984 United Feature Syndicate, Inc.

DES CHAUSSONS DE DANSE ? JON A UN PROBLÈME SÉRIEUX !

TU AS VU LES CHAUSSONS DE DANSE QUE J'OFFRE À MA NIÈCE, GARFIELD ?

ÇA ME PLAIRAIT BIEN, MOI !

JE PARIE QUE SA NIÈCE N'A JAMAIS FAIT DE POINTES...

NI FAIT UN JETÉ...

NI UNE PIROUETTE.

QU'EST-CE QU S'EST PASSÉ ?

CREVAISON DE CHAUSSON DE DANSE.

JRM DAVIS

25

JE VAIS POUSSER ODIE PAR TERRE.

6-17

IL SE TORDRA PROBABLEMENT LA PATTE, ET FINIRA CHEZ LE VÉTÉRINAIRE.

JE ME SENTIRAI TOUT SEUL SANS LUI ...

JON SERA FURIEUX APRÈS MOI ...

ET LA S.P.A. VOUDRA MA PEAU !

JPM DAVPS

ENFIN, LA VIE N'EST PAS TOUJOURS UNE PARTIE DE PLAISIR !

OOUUAH!

AU DODO!

CE SOIR JE VAIS RESPIRER PROFONDÉMENT, FERMER LENTEMENT LES YEUX ET ME LAISSER ALLER DANS UN SOMMEIL BIEN MÉRITÉ.

PAT!
PAT!
PAT!

BIEN QUE... UN PETIT CAFÉ, ÇA ME FERAIT DU BIEN. ÇA M'EMPÊCHERAIT DE DORMIR PENDANT QUELQUES HEURES... DEMAIN, JE POURRAIS FAIRE LA GRASSE MATINÉE.

ET SI JE FAISAIS UN TOUR DE PÂTÉ DE MAISON... AU RETOUR, JE M'ENDORMIRAIS COMME UNE MASSE.

ÉVIDEMMENT, JE POURRAIS REGARDER CANAL + JUSQU'À CE QUE MES YEUX SE FERMENT TOUT SEULS...

SOUPIR... TANT DE FAÇONS DE S'ENDORMIR ET SI PEU DE NUITS !

© 1984 United Feature Syndicate, Inc.

JIM DAVIS

6-24

JE PENSE QUE TU AS GROSSI, GARFIELD.

ET MOI JE PENSE QUE TU AS BESOIN DE VOIR TON OPHTALMO !

REGARDE, C'EST TOUT MOU.

ÇA C'EST DU MUSCLE AU REPOS.

© 1984 United Feature Syndicate, Inc.

ALORS, POURQUOI TU FAIS PLUS GROS ?

UNE ILLUSION OPTIQUE, PEUT-ÊTRE ?

JIM DAVIS

PLUS TU VIEILLIS, PLUS TU GROSSIS !

C'EST PEUT-ÊTRE LES OS QUI GRANDISSENT ?

GARFIELD T'ES GROS !

JE NE SUIS PAS GROS !

7-1

C'EST MON CENTRE DE GRAVITÉ QUI BAISSE !

34

O GARFIELD ! OÙ ES-TU ??

SORS DE LA BOÎTE À PAIN, GARFIELD.

ENLÈVE-TOI DE LÀ, GARFIELD !

JIM DAVIS 7-22

GARFIELD, TU SAIS QUE JE NE SUPPORTE PAS QUE TU TE CACHES !

TANT PIS ! JE LE TROUVERAI TÔT OU TARD ! IL N'Y A PAS TRENTE-SIX ENDROITS OÙ UN GROS MONSTRE PUISSE SE CACHER !

DESCENDS DE LA BIBLIOTHÈQUE GARFIELD !!

BONJOUR, BONJOUR !!

POKE POKE POKE

DIS DONC, GARFIELD, QU'EST-CE QUE C'EST QUE CE BAZAR DANS TON LIT ?

BAZAR ? ÇA CE SONT MES AFFAIRES PERSON-NELLES !

CE LÉZARD EN CUIVRE POUR ME GRATTER LE DOS...

ET ÇA, C'EST DU POIL DE CHAT EN RÉSERVE POUR TON PANTALON NOIR, ET ÇA, C'EST UN SOUVENIR D'ENFANCE... UN ÉPIS DE MAÏS SIAMOIS.

JIM DAVIS

ÇA, C'EST UNE CHAUSSETTE REMPLIE DE HARICOTS SECS.

ELLE SERT À QUOI ?

9-23

© 1984 United Feature Syndicate, Inc.

WHACK!

BONK

40

41

© 1984 United Feature Syndicate, Inc.

JIM DAVIS

11-25

43

NOËL SANS GARFIELD ! QU'EST-CE QUE ÇA VA ÊTRE TRISTE !

GRATTE GRATTE GRATTE

JIM DAVIS 12·23

BOING!

GARFIELD! DIS QUELQUE CHOSE ! ÇA VA !

TRÈS BIEN, MERCI. JE VOUS AI BIEN EUS TOUS LES DEUX, HEIN ?